Ivan Mazuranic

Cengic Aga's Tod

Ivan Mazuranic

Cengic Aga's Tod

ISBN/EAN: 9783743312050

Hergestellt in Europa, USA, Kanada, Australien, Japan

Cover: Foto ©ninafisch / pixelio.de

Manufactured and distributed by brebook publishing software (www.brebook.com)

Ivan Mazuranic

Cengic Aga's Tod

Čengić Aga's Tod

von

Ivan Mažuranić.

Aus dem Kroatischen übersetzt

von

Wilhelm Kienberger.

Autorisirte Ausgabe

mit dem Portrait des Dichters und 5 Illustrationen entworfen
von F. Kanitz, gezeichnet von V. Katzler.

Agram, 1876.

Verlag der Universitäts-Buchhandlung Albrecht & Fiedler.

Frau

MARIE ŠPUN-STRIŽIĆ

geb. Mažuranić

gewidmet

vom

Uebersetzer.

Bodenstedt nannte einst die Volkslieder den Spiegel, durch den sich Völker bis in's Herz hinein sehen und einander achten und lieben lernen. Wir möchten das treffende Wort des geistvollen Mannes auf die Literatur der Völker im Allgemeinen ausgedehnt sehen. Edler angelegte Naturen haben immer über den Lärm politischer und nationaler Tageskämpfe hinweg auf das neutrale Gebiet literarischer Leistungen der Völker hingewiesen, um in reiner Humanität dort zu vereinigen, wo mehr oder minder trübe Leidenschaften an der Theilung und sogar Verhetzung der Völker arbeiten möchten. Und mehr als berechtigt ist wohl die Hoffnung, dass in dem Masse, in dem die einzelnen Völker sich in ihren dauernden, geistigen Erzeugnissen kennen lernen, auch die Schranken fallen werden, die zwischen ihnen aus was immer für Gründen im Laufe der Jahrhunderte aufgebaut wurden. Die europäischen Völker zumal, durch eine bei allen Sonderbestrebungen doch im Grossen und Ganzen gleichartige Culturrichtung zu einer grossen Familie verbunden, haben wohl alle Ursache, die vereinigenden und nicht die trennenden Momente ihres geistigen Lebens aufzusuchen und sorgfältig zu pflegen.

Die blutigen Ereignisse in der europäischen Türkei haben in der letzten Zeit mehr denn früher die Aufmerksamkeit der gebildeten Welt auf die Südslaven, namentlich die Serbo-Kroaten gelenkt. Die Aufmerksamkeit nahm bei Denjenigen, welche die Geschichte der Südslaven kennen, vorab die Gestalt der lebhaftesten Sympathie an. Ein reiches Culturleben liegt dort unter dem Schutte der türkischen Gewaltherrschaft begraben und harrt seiner Auferstehung. Was hätte dort, in den von Natur aus so reich gesegneten Ländern, blühen und gedeihen können, wenn man erwägt, was Fragmente desselben serbo-kroatischen Stammes, die von den Türken verschont wurden, in Dalmatien und Kroatien bereits geleistet und wie hoffnungsreich sich in der jüngsten Zeit das Culturleben dort entwickelt! Welch ein farbenprächtiges Bild gewährt das allseitige Streben der dalmatinischen Städte (allen voran Spalato und Ragusa) im XV., XVI. und XVII. Jahrhundert, in welchem gründliches Studium der Antike und patriotische Begeisterung für heimatliche Sprache und Sitte ein geradezu goldenes Zeitalter der serbo-kroatischen Literatur hervorrief!

In der neuesten Zeit wuchs naturgemäss Agram, die Hauptstadt Kroatiens, zur Metropole des geistigen Lebens der Südslaven, speciell der Kroaten heran. Der literarische Ruhm von Ragusa schwand mit dem politischen Glanze der Republik; der Druck der Venetianer lastete schwer auf ganz Dalmatien: das literarische Leben flüchtete dorthin, wo auch politisch eine freiere Bewegung ermöglicht war, nach Kroatien. Eine Reihe trefflicher Männer entstand, deren Wirken hoffen liess, dass der alte Glanz der kroatischen Literatur wieder erstehen und noch im reicheren Masse leuchten werde, als in Ragusa. Unter den Dichtern der jüngsten Periode der kroatischen Literatur nimmt nun unstreitig eine der ersten Stellen Ivan Mažuranić, der heute als Banus zum zweiten Male an der Spitze der Verwaltung seines Vaterlandes steht, und zwar mit dem Liede ein, das wir hier in deutscher Uebersetzung bringen.

Zuerst erschien dasselbe im J. 1846 in der Agramer belletristischen Zeitschrift „Iskra" (Funken) unter der Aufschrift: „Tod des Ismail Aga Čengić". Der Name des Dichters war schon damals in der heimischen Literatur wohlbekannt und von gutem Klange. Abgesehen von einigen kleineren, durch tiefe und den schweren Flügelschlag der richtenden Weltgeschichte. Und all' der entsetzliche Jammer und all' die herzzerreissenden Plagen, denen die christliche Raja zum Opfer fällt, erscheinen schliesslich doch in einem milderen Lichte, welches auf sie die Schluss-Allegorie des Liedes wirft, die in prophetischen Worten das Ende dieser Greuel und den Sieg des Kreuzes in Aussicht stellt. Selten ist ein so grandioser Inhalt in einen so knappen Rahmen gefasst worden, wie dies in „Čengić Aga's Tod" der Fall ist.

Auch die Behandlung des Stoffes, die poetische Form zeugt von einer grossen Selbstständigkeit. Freilich, wem der Begriff des Epischen gleichbedeutend geworden ist mit einem behaglichen Sichgehenlassen, wer gewohnt ist, in epischen Liedern den Dichter vollständig zurücktreten zu sehen hinter den geschilderten Stoff, wer ruhigste Objektivität für unzertrennlich vom Epos hält, der wird in der Darstellungsweise des „Čengić Aga" grosse und zahlreiche Fehler und Verstösse gegen die akademischen Regeln der Poetik finden. Nicht nur tritt des Dichters Individualität nicht zurück, sondern sie bricht immer und wieder mit voller ungebundener Kraft hervor und der ruhig hingleitende Fluss der Erzählung verwandelt sich jeden Augenblick in einen leidenschaftlich vorwärtsdrängenden, in brausenden Fällen hinstürzenden Wildbach. Mit unnachahmlicher Meisterschaft und mit vollendeter Künstlerruhe beherrscht wohl der Dichter seinen Stoff; aber in ihm aufzugehen, kalt sich hinter denselben zurückzuziehen, das konnte und wollte er nicht. Mag er oft durch ein blosses Epitheton seinen Hass oder seine Liebe verrathen, mag er in kurzen Ausbrüchen oder in längeren, von glühendster Leidenschaft gesättigten Apostrophen seinen Herzschlag fühlen lassen, immer und überall begegnen wir den gewaltigen Spuren seiner Individualität und dieser lyrische Anstrich des Ganzen lässt das Lied in einer eigenthümlichen, heissen und düsteren Beleuchtung zugleich erscheinen. Es ist eben nicht die heitere Sonne von Hellas, die die schwer heimgesuchten Plane Bosniens beleuchtet!

Wortschatz und Versbildung sind der Volkspoesie entlehnt, freilich mit dem Takte und der Meisterschaft eines hochgebildeten Künstlers. Reich und wunderbar geschmeidig ist die serbo-kroatische Sprache, aber Niemandem scheint sie ihre geheimsten Schätze so ganz enthüllt zu haben, wie dem Sänger des „Čengić Aga". Welche Musik, welche Plastik liegt oft in einem einzigen Worte, wie ist mit wenigen, leichthingeworfenen Wendungen ein ganzes, buntes Bild geliefert! Auf eine getreue Wiedergabe dieser Vorzüge des Gedichtes muss wohl mehr oder weniger jede andere Sprache verzichten.

An derselben Stelle, an den bergigen Abhängen der Herzegovina, an der sich die Handlung des Gedichtes vollzieht, wüthet heute abermals der Kampf zwischen Türken und Christen. Nach dem blutigen Tagewerk steht wohl mitten unter den Männern der Sänger auf, der zur Gusla ein Bruchstück des „Čengić Aga" den lauschenden Kriegern zum Besten gibt. Denn populär ist das Lied geworden, wie bald kein zweites, weil es kräftiger und hinreissender als alle anderen Lieder mitten aus der Seele, mitten aus dem tiefgepressten und doch so sehr freiheitsdürstenden Herzen des Volkes mit übermächtigen Accorden hinausklingt: „Für das Kreuz und für die goldene Freiheit!"

Čengić Aga's Tod.

I.

Der Aga.

Čengić Aga ruft die Diener
  Mitten in die Stolacveste
In des heil'gen Herzogs Lande:
„Auf, ihr meine flinken Diener!
Führt heraus mir die Brdjaner,
Die ich siegreich heimgeführt als Sklaven
Von Moraċas kühlen Fluthen.
Auch den alten Durak bringet,
Der mir, Wicht, hat rathen wollen,
Ich sollt' Alle heim entlassen!
Wilde Wlachen sind's ja, meint' er,
Die einst sicher fordern würden
Meinen Kopf für ihre Köpfe;
Bebt der graue Wolf denn jemals
Vor der kleinen hungernd' Feldmaus?"

Rasch gehorchen ihm die Diener
Sieh' da sind schon die Gefang'nen,
Schwere Ketten an den Füssen,
Starke Fesseln an den Händen.
Kaum erblickt sie Čengić Aga,
Lässt er los die wilden Stiere,
Seine blut'gen Henkersknechte,
Schenkt dann Jedem türkische Geschenke:
Der empfängt den spitzen Pfahl zur Gabe,
Der den Pfahl und jener eine Schlinge,
Diesem wird der scharfe Stahl beschieden.
„Auf, ihr Christen, theilt euch in die Gaben,
Die ich euch als Türke auserlesen,
Euch und euren unzugänglich Felsen
Solche Gaben sollen sie auch haben!"

So der Türke, doch die Kämpfer
Für den heil'gen Christusglauben
Opfern ohn' Erbeben auch ihr Leben.
Kreischend bohrt der Pfahl sich in die Leiber,
Pfeifend saust der scharfe Säbel nieder,
Seufzend knarrt der schwanke Hängebalken

Der Aga.

Nur die jungen Crnogorzen kennen
Keine Seufzer, noch ein Zähneknirschen.
Durch den Hof fliesst Blut in dunklen Strömen:
Keine Seufzer, noch ein Zähneknirschen;
Todte Leiber füllen an den Hofraum;
Keine Seufzer, noch ein Zähneknirschen.
Nur den Allerbarmer ruft der Eine,
Jener dort den süssen Jesunamen,
Scheidet leicht dann von der gold'nen Sonne! —
Helden fürchten nicht des Todes Nahen.

Durch den Hof fliesst Blut in Strömen;
Mit verschränkten Armen glotzt der Türke:
Wer noch jung ist, labt sich gerne
An der Christenhunde Qualen,
Doch die Alten glauben jetzt schon
Angsterfüllt dieselben Qualen
Von den Wlachen zu erdulden.
Düster blickt der grimme Aga:
Ungern muss er jetzt bewundern,
Er, der Leu, die kleine Feldmaus.
Wer ein Held ist, kann sich niemals brüsten

Gegen Helden, die sich nicht ergeben.
Viele Helden konnte er wohl tödten
Tödten wohl, nicht ihren Muth verderben:
Furchtlos wussten Alle ja zu sterben.

Fürchte den, der früh gelernt hat,
Klaglos in den Tod zu gehen.

Tief im Herzen fröstelt's selbst den Aga
Bei dem Anblick solcher Heldenstärke,
Wie wenn ihm mit eis'ger Spitze
Kalter Stahl das Herz durchbohrte.

Dauert ihn der Tod der Helden,
Die er zwecklos hingeopfert?
Christen hat ein Türke nie bedauert.
Bebt er ängstlich um sein eigen Leben?
Nie wird sich's der Aga selbst gestehen
Siehst du nicht sein starkes Ringen
Gegen jenes Frösteln, das ihm
Von der kleinen Wunde unvermuthet
Eisig seinen ganzen Leib durchfluthet?

Sieh' sein Haupt, das sonder Bangen
Stolz der Held erhebt zum Himmel.
Sieh' die klare Stirn und unter
Ihr das hellaufleuchtend' Auge.
Sieh' den Reckenleib, wie stramm er
Steht im Vollgefühl der Stärke —
Und dann sprich, ob hier auch nur ein
Schatten sei von feiger Furcht zu finden?

Scharfe Worte weiss er nun zu wählen.
Spitze Pfeile für der Feigen Seelen:
„Nun du Durak, Alterskrüppel,
Wohin jetzt, was hast du vor noch,
Da ich weggefegt die Bergmaus?
In die Berge? Dort sind die Brdjaner.
In die Thäler? Wirst auch dort sie finden.
Willst du leben, um den Tod zu suchen?
Besser ist's, du fliehst noch unter Wolken.
Doch die Mäuse kriechen, wenn sie nagen.
Nur der Aar kann himmelwärts sich wagen!
Auf und knüpft ihn auf den schwanken Galgen
Ihm zur Lehre, was die Angst beschere.

Und wenn ich von Jemandem noch höre,
Dass er feige vor den Wlachen zittert,
Der soll zwischen Erd' und Himmel hängen.
Gut genug, dass er die Raben füttert."

Stille schweigt der Sklavenhaufen.
Stille schweigt er, packt sein Opfer.
Schrill ertönt der Klagelaut des Armen —
Auch sein Sohn Novica ruft in Thränen,
Doch vergebens an des Herrn Erbarmen.

Wie ein Raubthier steht der Aga,
Erzumpanzert, hart wie Felsen.
Halb am Leben, halb im Todesbeben
Lässt der Durak noch den Ruf entschweben:
„Medet, medet!" — bald ist's ausgerungen:
Fest hält ihm der Strick den Hals umschlungen:
Noch Gewimmer, dann ist's still für immer.

II.

Der nächtliche Wanderer.

Sich', der Mond geht auf, die Sonne unter.
Wer ist's dort, der Hügel auf und nieder
    Angsterfüllt sich schleicht gen Montenegro?
Nächtlich wandert, tagesüber ruht er,
Einst ein Held, so kühn, der nie erzittert.
Jetzt ein Rohr, das jeder Hauch erschüttert.
Raschelt ihm aus trocknem Laub die Viper,
Oder aus dem Busch ein Has' entgegen,
Aengstlich schrickt er, wilder einst als Vipern.
Mehr noch wie ein Hase jetzt zusammen,
Glaubt, es sei vielleicht ein wilder Bergwolf.
Oder, ärger noch, ein Berghajduke,
Und das Leben gehe ihm verloren,
Eh' vollbracht sei, was er hoch geschworen.
Unbezahlbar ist sein Kopf der rothe.

Der doch nicht von Gold ist, noch vergoldet
Ungern möcht' er wohl sein Leben wagen —
Nur ein Dämon kann ihn weiter jagen.

Ist es ein Hajduk, ein Türkensendling,
Auf der Suche wollereicher Schafe,
Oder spähend nach gehörnten Rindern?
Kein Hajduk ist's, noch ein Türkensendling,
Doch Novica, einst ein Kavaz Čengićs,
Wilder Türke, Montenegros Todfeind.
Wohl bekannt den Alten wie den Jungen
Selbst die Vilen könnten ihn nicht bringen,
Was denn erst die starken Heldenfüsse,
Heil beim Tageslicht nach Montenegro.

Auf der Achsel ruht die treue Büchse,
Und im Gurt sein Jatagan, der scharfe,
Neben ihm ein Doppelpaar Pistolen,
Wie ein Vipernnest, bedeckt mit Struka,
Auf die Füsse band er sich Opanken,
Blosser Fes bedeckt den Heldenscheitel,
Keine Spur von aufgeputztem Turban!

Novica in Cetinje.

Sieh' ein Türke wandelt ohne Turban —
Ungern möcht' er wohl sein Leben wagen,
Nur ein Dämon kann ihn weiter jagen.

Sorgsam hat er Cuce schon umgangen,
Auch Bjelice, stets bereit zum Kampfe,
Schleicht dann weiter gegen Bergécklić.
Schleicht dann weiter, betet heiss zum Himmel,
Dass er gnädig hier ihn auch geleite
Ungehört und ungesch'n von Allen.
Ungern möcht' er wohl sein Leben wagen,
Nur ein Dämon kann ihn weiter jagen.

Bei dem zweiten Hahnenrufen
Steht Novica schon am Cetinjfelde
Und beim dritten Hahnenrufen
Steht Novica vor der Cetinjfeste.

Freundlich grüsst er nun des Thores Wache:
„Gott zum Grusse, Wache von Cetinje!"
Besser giebt die Wache ihm zur Antwort:
„Glück mit dir, du unbekannter Krieger!

Woher kommst du und aus welcher Gegend?
Was hat dich so früh wohl hergeleitet,
Früher noch als selbst den frühen Morgen?"

 Klug der Türke, unbequem die Frage,
Klug der Türke, klug auch seine Antwort:
„Auf die Frage will ich offen reden
Bin ein Krieger von Morača's Fluthen
Aus der kleinen Ortschaft, aus Tisina,
Hart am Fuss des Dormitor, des hohen!
Dreifach nagt am Herzen mir der Kummer:
Erstens nagt am Herzen mir der Kummer,
Čengić mordete die Moračaner;
Zweitens nagt am Herzen mir der Kummer,
Čengić mordete mir meinen Vater,
Drittens nagt am Herzen mir der Kummer,
Der vor Allen: er ist nicht gefallen!
Drum bei deinem Gottesglauben bitt' ich,
Lass' mich hin zu deinem Gospodaren,
Deinem Gospodaren und dem meinen,
Dass er mir mein Herz von Kummer heile!"

Klüger gibt die Wache ihm zur Antwort:
„Leg' die Waffen nieder, Unbekannter,
Und dann geh' wohin dein Herz gebietet!"
Kaum betrat des Türken Fuss den Hofraum,
Schwand der letzte Stern am Himmel oben:
Sieh' es war der Stern des Čengić Aga.

III.

Die Četa.

Es erhebt sich eine kleine Četa
In Cetinje, in der Crnagora.
 Klein ist sie, doch feur'gen Muthes:
Zählt sie auch kaum hundert Männer
So sind's Männer, auserlesen
Nicht durch Schönheit, glattes Antlitz,
Nur durch ihre Heldenherzen.
Jeder will den Strauss aufnehmen
Nicht mit Zehnen — eitles Wagen!
Doch mit Zweien, sie zu schlagen;
Jeder ist bereit zu sterben,
Für das Kreuz, das heil'ge Zeichen,
Für das Kreuz und für die gold'ne Freiheit.

 Wunderbare Četa — wie noch
Keine wurde ausgehoben!

Nicht wie sonst ergieng der Ruf da:
„Wer ein Held ist, auf zum Engpass,
Auf zum Engpass, wer ein Held ist!"
Nicht so klang der Berge Echo.

Wie geheimer Laut die Geister,
Wie die Sprache heh'rer Wesen,
Flog ein Flüstern durch die Crnagora
Von der einen Felsenwand zur andern.
Und o Wunder! durch das Dunkel
Scheint's, der todte Stein belebt sich,
Streckt sich, kriecht, erhebt das Haupt und
Hebt vom harten Stein die kräft'ge
Faust, den Fuss allmälig; ja es
Scheint im starren Steingeäder
Blut im heissen Quell zu glühen.

Steigt der Pfad dann auf zum Himmel,
Siehst der Büchsen lange Röhren;
Was die treue Struka deckt vom
Gürtel, sucht dein Aug' umsonst zu
Sehen . . . bis das nächtlich' Wesen

Ganz verschwindet in des Dunkels Tiefen! —
Und es geht, woher die Stimmen riefen.

Lautlos ist die Nacht und dunkel,
Nacht verhüllt den Glanz der Sterne,
Nacht und Struka blanke Waffen.
Lautlos geht die dunkle Četa,
Ihr voran der Heldenführer;
Fragst du lispelnd seinen Namen,
Lispelnd heisst die Antwort: Mirko.

Vorwärts — doch wohin? Vergebens
Wirst die Četa selbst du fragen.
Fragst vergebens auch die Blitze
Und des Donners lautes Rollen,
Wo sie hinzieh'n von den Höhen?
Immer lautet ihre Antwort:
„Nicht uns — frag' den Donnerherrscher,
Dem die Welten unterstehen!"

Vorwärts — doch wohin? Es weiss nur
Jener dort am Himmelsthrone.

's ist vielleicht ein schwerer Sünder
Ueber dem zum vollen Lohne
Solche Macht vom Himmel sendet
Das Gericht des ew'gen Rechtes.

   Lautlos geht die stille Ceta.
Durch das nächtlich' stille Dunkel:
Keiner lispelt, keiner spricht auch,
Keiner lacht, noch wagt's zu singen,
Hundert Kehlen will kein Laut entspringen.

   Wie aus schwerer Hagelwolke,
Die im Schoss birgt schwere Geiseln,
Schwüles Unheil droht und schwüles
Unglück ihre Bahn begleitet:
So erscheint die Ceta: eingehüllt in
Dichte Wolken, wie die Rechte Gottes,
Geht sie lautlos, dass der Sünder wisse,
Wie er, auch wenn nicht sofort die Blitze
Niedersausen, nie entgeht der Strafe:
Schwerer trifft, wenn spät es kommt, das
                          Unheil.

Keinem klirrt die blanke Waffe,
Keinem knallt die sich're Büchse,
Bei dem leichten Schritt der Füsse
Rasseln nicht die blanken Toke:
Gleich als wüsst' sie, wen sie hat zu tragen.
Senkt sich bei dem leichten Schritt der Helden
In der Höh' die harte Felsenstätte,
Tiefer dann die ganze Hügelkette.

Hart beim Freund geht sein Genosse,
Enggeschlossen, unzertrennlich,
Dem Gestirn der Dioskuren
Gleich, wenn Nacht umhüllt die Fluren.

Schon sind Komljani, Zagarač
Und das wilde Bjelopavlić
Längst im Rücken und die Četa
Eilt nun durch das fels'ge Rovce:
Hinter Rovce kommt die dunkle
Schaar noch mit des Tages Grauen
In das ruhmgekrönte Thal, das
Der Morača kühlen Fluthen
Seinen Namen hat entnommen.

Rasten will die tapfre Četa
In Moračas kühler Nied'rung.
Der sinkt in den thau'gen Rasen
Schlummernd seinen Leib zu laben;
Dieser prüft das Schloss der Büchse,
Zählt die tödlichen Patronen
Oder schärft die sich're Schneide
Seines treuen Messers mit dem Schleifstein;
Jener schlägt mit hartem Stahl in Fülle
Funken aus dem Feuerstein und zündet
Trock'nes Laub an, legt dann dürres Reisig
Drauf und facht von Zeit zu Zeit mit kräft'gem
Hauche auf die Flamme; dieser dreht der
Zahmen Heerde Gab', ein Hammelsviertel
Wohlgemuth am Spiess vom Haselstrauche,
Oder zieht vom weissen Käse Schnitten
Aus dem Innern seiner treuen Torba.
Hat er Durst? die Morača ist nahe.
Braucht er Becher? Wozu hat er Hände?

Unterdess' erglüht des Morgens
Röthe; von den nahen Bergen

Hörst den Hirten seine Heerde
Rufen und als Antwort klingt des
Widders Glocke, der vorangeht.

 Aber sieh', es naht ein and'rer Hirte
Sanften Schrittes der geliebten Heerde;
Weder ziert ihn glänzend' Gold noch Silber,
Sondern Tugend und das Kleid des Priesters.
Nicht geleitet glänzendes Geleite
Ihn mit Fackeln und mit bunten Lampen,
Noch von Thürmen feierlich' Geläute;
Sein Geleit' ist: Morgensonnenstrahlen
Und vom Berg' die milde Heerdenglocke.

 Und zum Dome wird des Himmels Wölbung,
Berg und Thal zum heiligen Altare,
Weihrauch ist der Duft, der aufwärts steigt aus
Blüthenkeimen und aus lichten Räumen
Und dem Blut der treuen Glaubenszeugen.

 Näher tritt zur Četa nun der hehre
Diener seines himmlischen Gebieters,
Fleht auf sie herab den Gottessegen.

Schaart um sich die wacker'n Helden alle
Und besteigt die kahle Felsenplatte —
Kühl der Fels, doch glüht das Herz dem Alten —
Spricht dann innig zur geliebten Ceta:

„Meine Kinder, tapf're Heldensöhne!
Euch hat dieses Land das Licht gegeben,
Felsig wohl, doch theuer eu'rem Herzen.
Eu're Ahnen sind ja hier geboren,
Eu're Väter sind ja hier geboren,
Und auch ihr seid alle hier geboren:
Heil'ger giebt's für euch kein Land auf Erden.

Ihm ward eu'rer Ahnen Blut geopfert,
Ihm ward eu'rer Väter Blut geopfert,
Ihm seid ihr auch willig, Blut zu opfern:
Theu'rer giebt's für euch kein Land auf Erden.
Adler horsten immer nur auf Bergen,
Tief im Thale findet ihr nur Schergen.

Kümmert's euch, die so genügsam
Fristen ihres Lebens Tage,

Ob euch schwellend winkt vom Fels die Traube,
Ob euch wogt vom Fels die gold'ne Aehre,
Ob euch schenkt der Fels die stolze Seide,
Wenn euch kühlend winkt der Quelle Labung,
Wenn auf Triften fette Heerden brüllen,
Und auf Bergen munt're Schafe blöcken?

Pulver hast du, Blei dazu in Fülle;
Im Gefechte stahlerprobt die Rechte,
Unter Wimpern spähen Falkenaugen,
Feurig glüht das Herz dir in dem Busen
Stark dein Glaube, wie des Felsens Wurzeln;
Bruderliebe lohnt die treue Freundschaft;
Treu umschlingt das Weib den treuen Gatten
Gold'ne Lieder lohnen Heldenthaten;
Brauchst du Eisen? Such's als Türkenbeute,
Hast dann Alles, was dein Herz erfreute.

Aber theurer noch, als all' der hehre
Felsenschmuck ist wohl das Kreuz dort oben;
Das ist's, was euch stärkt in eu'rem Kummer,
Das ist's, gottgesandt, die beste Wehre.

Möchten doch des Erdballs Völker alle,
Aus den Thälern dort, den nebelgrauen,
Seh'n dies Kreuz, das nie besiegte,
Das dort ragt zum Himmel über Lovćen —
Wüssten sie auch, wie das Türkenscheusal
Seinen ekeln Rachen nach ihm kehrt, doch
Stets sich bricht am Felsen seine Zähne:
Traun, nicht lässig kreuzten sie die Hände,
Wenn ihr leidet für die Kreuzesspende,
Nie mehr nannten sie euch dann Barbaren,
Dass ihr starbet, als sie müssig waren.

Willig seid ihr für das Kreuz zu sterben,
Geht auch jetzt dem Tod für's Kreuz entgegen,
Als Vollstrecker göttlichen Gerichtes:
Aber wer dem Herrn getreu will dienen,
Soll ihm stets nur reinen Herzens dienen,
Nur mit reinem Herzen mag er wagen,
Was ihm Gotteswille aufgetragen.

Wer dem Bruder bitt'res Leid bereitet,
Oder selbst dem Gegner einst das theu're

Leben hat entrissen und sein Herz belastet,
Fremde gastlich nicht in's Haus geleitet,
Treu' geschworen, aber nicht gehalten,
Nicht gespeist die Hungrigen am Wege,
Und dem Wunden roh versagt die Pflege
Sündhaft ist er und sein Thun vermessen,
Ohne Reue gibt es kein Vergessen.

 Fühlet Reue — noch ist da die Stunde,
Noch ist's Zeit, o Kinder, fühlet Reue,
Fühlet Reue, dass aus Gottes Munde
Eu're Seele nicht das Urtheil scheue.
Fühlet Reue, denn des Lebens Runde
Ist ja bald vollbracht, o fühlet Reue;
Fühlet Reue — Manchen sieht der neue
Tag, woher noch Niemand brachte Kunde
Fühlet Reue"
     Doch dem guten
Alten stockt bewegt die Rede,
Und am grauen Bart erglänzt im
Lichten Sonnenstrahl die Thräne,
Wie ein leuchtend' Perlentropfen.

Hat vielleicht Erinn'rung früher
Jahre ihn mit Schmerz ergriffen,
Und den Arzt von fremden Wunden
Eig'nes Weh gemahnt an eig'ne Wunden,
Wie den guten Hirt, der, was er rathen
Will, mit eig'nen stets bekräftigt Thaten?

Tief ergriffen steht die Ceta
Bei des Alten milden Worten.
Fromme Lämmer sind geworden,
Die noch eben wilde Leuen waren,
Durch den Gottesspruch, den wunderbaren.

Doch wer ist's, der sich den Augen
Zeigt der tiefergriff'nen Ceta,
Dass sich blitzschnell hundert Hände
Nach den scharfen Messern kehren?
Welch' ein Wesen! es versteht vom
Himmel hundert Herzen abzuwenden
Und worauf sich hundert Willen richten
Ganz allein und jählings zu vernichten!

Novica ist's, der Verruchte,
Novica, der kühnen Schrittes
Sich dem frommen Kreise nähert
Und zum Alten vorgeschritten
Fieng er muthig an zu sprechen:

„Meine Brüder, tapf're Crnogorzen!
Lasst sie ruhen, eu're blanken Waffen!
Novica ist's, doch nicht mehr der alte.
Nicht mehr gegen, sondern mit euch geh' ich,
In der Türken Blut die Hand zu baden.
Was bisher mir theuer war beim Türken,
Raubte Alles herzlos mir der Türke —
Nichts verblieb mir als die tapf're Rechte,
Die von nun an euch nur soll gehören.
Und weil Niemand kann dem Kreuze dienen
Ohne Taufe, nun so fleh' ich, tauft mich,
Denn die Zeit verlangt ein rasches Handeln."

Auf die Worte sinken hundert
Hände von den scharfen Waffen.
Wie durch Thau seh'n hundert Augen
Regenbogen statt der Sonne.

Novica's Taufe.

Auf den Wink des Alten reicht man
Eilig ihm Moračawasser:
„Glaub', o Sohn, an Gott im Himmel oben,
An den Sohn, von Ewigkeit gezeuget
Und den Geist, den gnädigen Beschützer.
Glaube fest, der Glaube wird dich retten!"
Sagt's und tauft den wilden Ungläubigen:
Und als Pathen stehen: Bergeshöhen
Und der Berge Sprossen, Mirko's Kampfgenossen.

Nun erhebt der Alte seine Augen
Mild empor und seine weissen Hände,
Spricht die Četa frei von ihren Sünden,
Und vertheilt ihr milde Gottesgaben:
Jedem Helden eine Krume giebt er
Von der Wunderkost, dem Himmelsbrode,
Jedem Helden einen Tropfen giebt er
Von dem Wundertrank, dem Himmelsweine.
Wahre Wunder sieht die glühend' Sonne:
Kraft verleiht ein Kreis den Schwachen,
Um ihr Thun Gott werth zu machen.

Als der Alte sie mit Trost versehen,
Küssen sich die Helden nach der Reihe.
Gottesvoll gleicht nun die Ćeta
Nicht dem blut'gen Messer, welches
Todeswunden schlägt dem Gegner,
Sondern gleicht der gold'nen Feder,
Welche gottgeführt den späten Enkeln
Heldenthaten ihrer Väter meldet.

Abend wird's, die Schatten werden breiter;
Heimwärts geht der Greis, die Ćeta weiter.

IV.

Der Harač.

Gackofeld, du bist so reizend,
 Wenn dich Hungersnoth nicht peinigt,
 Arger Hunger, hartes Sklavenschicksal.
Aber schwer bist heimgesucht du heute
Von ergrimmten Kriegern, blanken Waffen,
Wilden Rossen und von weissen Zelten,
Schweren Ketten und von Marterbänken.

 Wozu Krieger, wozu blanke Waffen,
Wozu Rosse, wozu weisse Zelte,
Schwere Ketten und die Marterbänke?
Čengić Aga sammelt blut'gen Harač
Rings im Gackofeld und der Umgebung.
Dort am Felde schlug er auf die Zelte,
Dann verschickt' er wilde Haračsammler,
Haračsammler, dass die Pest sie hole!

Heischt von Jedem einen rothen Zechin,
Von dem Herde einen fetten Hammel,
Und des Nachts der Reihe nach ein Mädchen.

   Und vom Osten kommen Haraësammler,
Nackte Christen an das Pferd gekoppelt;
Auch vom Westen kommen Haraësammler,
Nackte Christen an das Pferd gekoppelt;
Und vom Norden kommt die Brut und Süden,
Nackte Christen an das Pferd gekoppelt.
Arme Raja! mit gebund'nen Händen
Folgt sie nach am Strick der Rosse Spuren.
Guter Gott! was hat sie denn verschuldet?
Ist sie schuld, dass Schmutz die Türken peinigt?
Ist sie schuld, dass sie ein Unmensch züchtigt?
Ach, ihr Leben wird ihr nicht vergeben.
Mehr noch, dass ihr fehlt, was Türken suchen,
Rothes Gold und reichlich weisse Kuchen.

   Unterdessen hat der Aga
Vor dem Zelt ein gutes Ross getummelt,
Und im Lanzenwurf des Auges
Und der Rechten Kraft erwiesen.

Sausend fliegt er jetzt mit seinem Rösslein
Jetzt mit seinem Speer voran den Türken,
Gross als Held — wenn er's als Mensch nur
                                    wäre!

Kaum erblickt er nun die Beute,
Die die Haračsammler schleppen,
Fliegt er vor mit Blitzesschnelle
Auf dem guten weissen Rösslein,
Prüft im Flug' noch seine Waffe,
Wählt dem Speer im grausen Spiele
Dort des ersten Wlachen Kopf zum Ziele.

Aber selbst dem besten Helden
Kann der starke Arm oft irren:
Solch' ein Unfall trifft auch hier den Aga.
Fliegend stolpert ihm das Rösslein —
Sausend misst der Speer die Lüfte,
Trifft dann leichtbeschwingt im krummen Fluge
Nicht das Lamm   das Haupt des grauen Wolfes,
Schlägt dem Safer, der die Wlachen führte,
Aus dem Haupt' heraus ein Auge.

Zischend spritzt auf's grüne Gras das Auge,
Dunkles Blut benetzt des Türken Antlitz,
Der schäumt auf im Schmerz wie wilde Vipern,
Und der Aga flammt in lichter Flamme:
Schmach ist's wohl für einen solchen Helden,
Harač sammeln und ihn nicht bekommen,
Speere werfen und das Ziel verfehlen,
Ja sogar statt Christen Türken blenden,
Ja sogar zum Spott von Christen werden.
Und der Aga flammt in lichter Flamme
Was wird jetzt die Raja erst erdulden,
Die an Allem trifft ja das Verschulden!

„Mujo, Hassan, Omer du und Jašar,
Auf, ihr Hunde, jagt die Rosse
Durch das weite Feld im Fluge,
Dass wir sehen, wie die Christen laufen!"
Brüllt dem Stiere gleich der Aga.

Rasch gehorchten ihm die raschen Diener,
Jagten durch das Feld die schnellen Rosse,
Wie die Diener auf die Rosse schreiten,

Wie die Rosse mit den Dienern rennen,
Wie die Raja hinter Rossen jammert!
Anfangs scheint's, die Christenschwalbe könnte
Selbst die schnellen Rosse überflügeln,
Gleich darauf kannst nimmer unterscheiden
Ob die Pferde, ob die Raja schneller;
Jetzt erhalten schon die Rosse Vorsprung —
Doch die Raja bleibt zurück ermattet;
Und wenn du zum vierten Male hinblickst,
Ist sie schwer zur Erde hingesunken,
Dass sie von den leichtbeschwingten Pferden
Hin in Staub und Koth geschleift wird.

Bei dem Aga steh'n die andern Türken,
Weiden an dem düstern Anblick
Ihre wuthentbrannten Augen,
Löschen ihre Blutbegierde
Mit der Wlachen Blut, der Wlachen Schmerzen,
Und sie fühlen plötzlich Lust zu Scherzen:
Wiehernd' Lachen hört man jetzt von Allen
Bei dem herzerquickend' Anblick,
Wie die Christenhunde schmählich fallen!

So muss wohl der Hölle Lachen klingen,
Wenn die Sünder mit den Qualen ringen.

Unermüdlich sind die Türken;
Doch die Rosse werden müde,
Schleppend durch das weite Feld in
Grauser Furche die lebend'gen Leiber
Hielten sie ermattet auf im Rennen.

„Dumme Sklaven!" herrscht der Aga,
„Mit der Raja geht auch drauf der Harač:
Sucht die Raja eher aufzuwecken,
Dass wir möglichst noch den Harač retten."

Und des härter'n Aga harte Diener
Fassen nun die dreigeschwänzten Peitschen,
Springen dann herab von ihren Rossen,
Lassen Hiebe regnen auf die Raja,
So die arme Raja aufzuwecken.

Von geübter Hand geleitet
Saust die Peitsche ohn' Erbarmen

Durch die fühllos stillen Lüfte,
Reisst mit dreifach spitzen Zähnen
Grässlich tiefe Marterwege,
Oeffnet Quellen warmen Blutes;
Doch wenn ausgeglitten ist die Rechte,
Dann erscheint am Leib' ein grässlich'
Bild von blau und schwarzen Schlangen,
Die die Raja todesschwer umfangen.

„Hurtig Raja, auf die Füsse,
Auf die Füsse, Christenhunde!"
Schallt's im Feld' aus Türkenmunde.
Wer's vermag, der sammelt seine
Schmerzerschöpften, letzten Kräfte,
Stützt sich dann auf seine schwanken Füsse;
Doch dem Schwächern schein't's, dass selbst im
Ew'gen Schlaf er Gräuelworte höre,
Und er ruft, die Peitsche fühlend,
Noch zurück die halbentfloh'ne Seele,
Kriecht dann mühsam hin auf allen Vieren
Auf dem grünen Plane weiter.
Ein Beweis, dass nicht nur die Posaunen

Des Gerichts die Todten auferwecken:
Türkengräuel schafft dieselben Schrecken.

Blutbedeckt hat sich die Raja
Hingeschleppt zum Zelt des Aga —
Doch der ruft ihr zu im Grimme:
„Haraè, Raja, will ich sehen,
Oder euch soll's schlechter noch ergehen!"

Lichten Himmel hat der Herr den Vögeln,
Stille Höhlen und ein Nest gegeben;
Fischen gab er Wasser, Meerestiefen,
Glaspaläste, wo sie hausen können;
Wilden Thieren gab er Wiesen, Berge,
Kühle Lager, dazu grüne Auen:
Und der Raja? Nicht einmal die Rinde
Trock'nen Brod's, mit Thränen sie zu netzen!
Nein doch, nein! Vom Himmel ist's gekommen,
Doch der gier'ge Türke hat's genommen.

Haraè! Woher soll den Christen Haraè,
Gold auch kommen, denen Hütten fehlen,
Stille Hütten, um das Haupt zu schützen?

Woher Gold, wenn ihnen Aecker fehlen.
Christenschweiss nur Türkenland befruchtet?
Woher Gold, wenn ihnen Heerden fehlen.
Sie nur fremde auf den Bergen hüten?
Woher Gold, die sich vor Frost nicht wehren?
Woher Gold, die sich ja kaum ernähren?

— „Hunger plagt uns, Herr, und Elend!
Hab' Geduld nur fünf, sechs Tage,
Bis wir uns den Harač selbst erbetteln!" —

„Harač, Harač, will ich haben!"

— „Brod, ach schenk' uns Brod, Gebieter!
Einmal lass an Brod uns laben!" —

„Wartet, Hunde, bis vom Himmel,
Abends kühl die Nacht wird sinken,
Will ich euch mit Braten laben!
Hurtig, Sklaven, barfuss sind die Christen,
Auf, beschlägt die Hundebrut mit Eisen!"
Lacht der Aga und verlässt die Türken.

Flinke Diener fesseln drauf die Raja,
Doch vor Allen zeigt sich Safer mit dem
Einen Auge voll von Eifer;
Hofft er doch, dass unter Türkenjubel
Christenqualen ihm sein Aug' bezahlen

Marterschrauben werden hergerichtet,
Safer brüllt mit wildem Drohen
„Harač, Harač will ich haben!"
Jammernd ruft die arme Raja:
„Brod, ach schenk' uns Brod, Gebieter
Einmal lass' an Brod uns laben!"

— „Wartet, Hunde, bis vom Himmel
Abends kühl die Nacht wird sinken,
Will ich euch mit Braten laben!"
Höhnt nach seinem Herrn der Wüthrich.

Doch wer könnte treu beschreiben
All die überstand'nen Plagen?
Und wer wollte kalten Herzens
Zeuge sein der bittern Klagen?

Es erstirbt der Tag, der Abend dunkelt,
Stille Nacht wird's und am Himmel funkelt
Hehr und licht der Sterne milder Schimmer.
Nur den Westen decken dunkle Wolken:
In des Himmels Mitte glänzt der Halbmond,
Wie ein Trauerlicht zum Trauerspiele.

In des stillen Feldes Mitte
Steht von Alters her die Linde,
Rings um sie herum Gezelte:
Unter allen wohl das beste,
Wohl das beste und das grösste
Glänzt des Aga Zelt entgegen,
Wie der weisse Schwan erglänzt aus
Leuchtend weissen Taubenschwärmen.

Weiss erglänzt das weiss' Gezelte
Bei des Mondes mildem Schimmer,
Fast wie Gräber unter Schnee begraben,
Wo in nächtlich stiller Stunde
Böse Geister hausen und mit grausen
Bildern späte Wanderer erschrecken,

Oder auch ihr Ohr mit nachgeahmtem
Löwenbrüllen und der Hunde Bellen
Und verlor'ner Seelen Seufzern plagen

   Gräber sind es, meinst du, uns'rer
Slavenväter, deren Namen
Einst so ruhmreich sind erklungen
Und um die der wilde Türke
Nun bei Tag und Nacht den ekeln
Reigen schlingt und noch sein schlaues
Hirn zermartert, wie er auch die
Weinend' Kinder jetzt verjagte,
Dass sie ja der bessern Tage
Selbst in bittern Tagen nicht gedenken.
Scheint's dir nicht, du hörst schon Löwenbrüllen,
Scheint's dir nicht, du hörst schon Hundebellen,
Und dann wieder Märtyrergeächze,
Klagen, Jammern, schmerzerpresste Seufzer,
Schwerer Fesseln sinnbethörend' Rasseln,
Und dann angsterfülltes Hilferufen?
Höre, Bruder, ist das Klagen Schein nur?
Hör' das Rasseln — ist das Rasseln Schein nur?

Hör', ach höre ... nein, das ist kein Schein mehr,
Was dich so gewaltig kann erschüttern ...
Was? ... du weinst auch? ... ach beim blossen
                              Scheine
Würden Thränen dir im Aug' nicht zittern!

   Vor dem Zelte brennt ein Feuer.
Von geschäft'gen Türken rings umgeben.
Dieser schafft dem Feuer neue Nahrung,
Jener bläst mit vollen Backen auf die
Flamme, dass die Lohe besser flamme;
Der dort sitzt mit unterlegten Beinen
Hart am Feuer, dreht am grossen
Spiess gar wohlgemuth den fetten Hammel.
Bratend zischt der Hammel an dem Feuer.
Lichte Flammen lecken an dem Braten
Und beleuchten dicke Schweissestropfen.
Die dem Türken von der Stirne rinnen.

   Als er lang genug gedreht den Hammel.
Nahmen sie ihn ab vom schweren Spiesse,
Legten ganz ihn auf die breite Tafel
Und zerschnitten ihn mit grossen Messern.

Nach der Reihe nahmen an der Tafel
Platz die Türken, hungrig wie die Wölfe,
Und zerfleischten ihren Raub mit Krallen.
Čengić Aga greift da zu vor Allen,
Bank dann nach ihm die andern Türken
Nach der wilden Wölfe schöner Sitte.
Weisses Brod erhält dazu ein Jeder,
Jeder auch vom Branntwein einen Becher;
Also sassen sie beim Mahl zusammen,
Löschten ihre Glut mit neuen Flammen.

Seinen Hunger hat gestillt der Aga,
Und verdoppelt auch die Glut der Andern,
Flammt dann wieder auf in lichter Flamme:
Schmach ist's wohl für einen solchen Helden,
Harač sammeln und ihn nicht bekommen,
Speere werfen und das Ziel verfehlen,
Ja sogar statt Christen Türken blenden,
Ja sogar zum Spott von Christen werden!
Und er flammt in lichter Flamme, herrscht den
Dienern: „Da ist Fleisch und lasst's euch
munden,

Doch die Knochen werft den Christenhunden,
Abgenagte Knochen, hebt den Braten
Auf, dass fertig sei auf's Wort dann Alles."
So der Aga, geht zu seinen Freunden.

Und die Diener halten ihre Mahlzeit,
Legen dann zurecht zur frohen Kurzweil
Trock'nes Stroh und aufgedrehte Stricke,
Um die Raja an den Füssen hoch auf
Lindenästen jählings aufzuhängen,
Sie zu rösten, Gold aus ihr zu pressen,
Aus der Raja, der doch Brod selbst mangelt.
Und die Raja? Was soll die, die arme?
Fühllos ist die Erde, fern der Himmel —
Schweren Herzens sieht sie, was sie planen,
Schweren Herzens, doch das Aug' ist trocken.

Als die Diener Alles vorbereitet,
Kann ihr Herz es nimmermehr erwarten,
Sehnsuchtsvoll passt auf besonders Safer,
Bis ihm Čengić Aga wird gebieten:
„Auf, ihr Knechte, auf und an die Christen,
Hängt sie auf dort an die Lindenäste!"

Unterdessen sitzt im **Zelt der Aga**,
Ihm zur Seite Bank, reich an Ränke,
Mustafa, verlässlich stets im Rathe,
Und noch and're angeseh'ne Türken.

Ringsherum im Zelte ausgebreitet
Liegen reichgeschmückte Decken,
Und auf ihnen weiche Kissen,
Wie zur **Wollust** hingegossen,
Laden ein den Leib zu süssen Lüsten,
Süssen **Lüsten und zu trauten Träumen.**
Dort im Winkel, auf dem kleinen Herde,
Prasseln Aeste, eben abgehauen,
Deren **Zischen** wie im leisen Liede
Seufzend singt und singend seufzt von Neuem
In der Mitte hängen am Gebälke,
Das im Kreise rings herum **vom**
Weissen Zelte stolz umfasst **wird.**
Blanke Waffen, reich an schmucker Zierde:
Sich're Büchsen, Schwerter ohn' Erbarmen,
Leichtgekrümmte Damascenersäbel,
Hundertmal getränkt vom Christenblute.

Zweimal vier von scharfen Jataganen,
Aufgeworf'ne Berge kleiner Messer —
Oft und wieder siehst du reichgeputzte,
Kunstvoll goldbelegte lange Büchsen;
Und Pistolen — Niemand kann sie zählen.

Doch, was lehnt sich dort an jene Streitaxt?
Wohl ein Wunder über alle Wunder,
Traun, ein frommes Lamm beim grimmen Wolfe,
Eine Vila, eng vereint dem Drachen!
Gusle sind's — doch fürchte nicht, mein Bruder,
Dass die Streitaxt sie zertrümmern würde,
Dass sie Ketten spannt statt zarter Saiten,
Armbrustsehnen statt des Fiedelbogens,
Und ein Kampfross statt des Geigensattels.
Uns're Vilen haben nie gefürchtet,
Dass sie sterben müssten unter Waffen;
Glaub' vielmehr, dass ohne Waffenweihe
Nie ein rechtes Slavenlied gedeihe.

Draussen hat der tiefe Himmel
Sich gehüllt in schwarzes Dunkel;

Wer durch Wolken sehen könnte,
Würde dort Plejaden, kleine
Sterne ob dem Zelte flimmern sehen,
Und vom Westen den gehörnten Halbmond
An der Spitze glänzender Gestirne,
Gleich dem Widder an der Heerde Spitze.

Finster ist die Nacht und stille,
Lautlos bis auf's leise Rauschen
Leichten Thau's, als möcht' der Himmel weinen.
Und das schwarze, undurchdringlich' Dunkel
Wälzt sich über Berg und Thal, dass
Vor den Augen selbst der Finger schwindet,
Was denn erst des Steges jähe Wendung
Wehe Jedem, den auch jetzt am Wege
Nacht befällt und er noch ängstlich spähet,
Wo er sein ermüdet' Haupt hinlege!

In den Höhen brausen Winde,
Von den Höhen zucken Blitze,
Schauerlich zerriss'ne Himmelsflammen,
Die des Menschen Auge blenden.

Aber gleich darauf auch dicht'res Dunkel
Um des Menschen Auge winden.
Und den Blitzen folgt des Donners Rollen:
Dumpf ertönt es anfangs aus der Ferne.
Immer näher dann und grauenhafter
Brüllt und kracht der Donner auf zum Himmel.
Erd' und Himmel rauschen von der Windsbraut,
Berg und Thal erwiedern das Getöse:
Ja, es naht ein schweres Hagelwetter.
Wehe Jedem, den auch jetzt am Wege
Nacht befällt und er noch ängstlich spähet,
Wo er sein ermüdet' Haupt hinlege.

Bleibt jedoch der Wind im Rücken,
Zuckt dazu die Flamme von dem Himmel,
Und du lenkst dein scharfes Auge
In das Thal und nach des Windes Richtung,
So erblickst du Leute rasch vom Weiten
Dichtgedrängt im Dunkel näher schreiten.

Jetzt beleuchten Blitze ihre Wege,
Jetzt entrückt sie schwarze Nacht dem Auge:

Doch sie eilen leichten Schrittes
Vorwärts durch die dunkeln Auen,
Dass sie bald des weiten Zeltes
Schimmernd' Wände näher schauen.
Dunkel ist die Nacht, die Armen winden
Sich durch's Dunkel, nur um Ruh' zu finden.

   Wieder blitzt die Himmelsflamme
Immer näher kommt die nächtlich' Ceta,
Und du kannst genau schon unterscheiden
Die sie leiten, die mit ihnen schreiten.
Sicher ist das Haupt der Ceta Jener
Ihm zur Seite sein getreuer Führer.
Der die Ceta wegeskundig
Ueber Berg und Thal geleitet.
Sieh' nur, wie er leise schreitet,
Gleich als schwebt' er durch die Lüfte.
Etwas scheint ihn rastlos anzutreiben,
Während der Genossen zweimal
Hundert Füsse seine Spuren tilgen
Vor der Nacht beschleicht auch ihn ein Bangen,
Und er möchte gern zur Ruh' gelangen.

    Doch der Blitz, der früher aufgeleuchtet,
Sicht die Ćeta steh'n schon hinter'm Zelte,
Wo sie reihenweise aufgestellt ist
Von drei Seiten, um die Zahl zu decken.
Und da steht die nächtlich' Ćeta.
Unerwartet, wie die Blitze,
Oder wie die Feuerlava,
Die von feuerspeiend' Bergen
Thalwärts Schrecken wälzt und Kummer,
Wenn den Menschen süss umfängt der Schlum-
                                    mer.

    Stille lauscht die Ćeta an dem Zelte.
Ob sie fände, wo der Aga schlummert;
Doch vernimmt man keine andern Stimmen.
Als wie sich die Türken jetzt schon freuen.
Bis die Christen sich in Schmerzen krümmen.

    In dem Zelte sitzt der Aga.
Giebt abwechseind sich der Pfeife und dem
Kafée hin und wilden Höllengeistern
Unter'm Turban runzelt er die
Stirn in unheilschwangern Runzeln.

Und das leuchtend' Heldenauge
Tief verhüllt in Wolkenschleier
Schweigt er düster, brütet düst're Pläne.
Und der Aga denkt im wirren Denken,
Denkt an Schwerter und an junge Schönen,
Denkt an Falken und an frohe Jagden,
Denkt an Schätze und an wilde Schlachten,
Denkt an Feuer und an seine Feinde,
Denkt an Lanzen und an Rösselenken.
Flammt dann wieder auf in lichter Flamme:
Schmach ist's wohl für einen solchen Helden,
Harač sammeln und ihn nicht bekommen,
Speere werfen und das Ziel verfehlen,
Ja sogar statt Christen Türken blenden,
Ja sogar zum Spott von Christen werden!
Und der Aga flammt in lichter Flamme:
Als er aber mitten unter Waffen
Sah die sangesreichen Gusle,
Wird der wilde Dämon weicher,
Und das heisse Blut wird stiller
Wie beim süssen Klang von Himmelssaiten;
Seine frühern, blutigen Gefühle

Beugen sich dem süssen Liedessehnen.
Der Gewalt im zarten Saitenspiele.

  Und der Aga spricht zum Bauk:
„Bauk, wack'rer Vojewode!
Alle loben dich als starken Helden —
Nun, wenn plötzlich käme jetzt die Bergmaus,
Sage, Bauk, wie viel du der Mäuse
Würdest selbst zur Hölle senden?"

  — „Nun, ich glaube, sechs, Gebieter." —

  „Schäm' dich, Memme, den sie tapfer nennen:
Traun, ich hielte mehr von deinem Muthe,
Selbst wenn zwanzig kämen jetzt Brdjaner,
Wollt' ich beim Profeten theuer schwören,
Keiner dürft' am Leben mir entgehen. —
Doch wär' ich dem Trübsinn fast verfallen.
Bei der Pfeife und dem dumpfen Sinnen,
Da die dunkle Nacht uns nicht gestattet,
Dass wir Christen röstend uns ergötzen.
Nun du bist ja ein gewandter Sänger

Und ich sehne mich nach frohen Liedern
Auf und singe, stille mir mein Sehnen!"

Bauk folgt und nimmt die Gusle,
Setzt sich dann mit unterlegten Beinen
Auf die alte, traute Stelle,
Lehnt vor sich die lauten Saiten
An den reichgestickten Polster,
Fährt mit seinem Fiedelbogen
Hin und her, die Gusle auf und nieder;
Schrill ertönt des Wirbels rasches Schrauben.
Und der schlaue Sänger fängt mit
Donnergleicher Stimme an die
Lauten Saiten kräftigst zu begleiten:

„Guter Gott, ein Wunder über Wunder!
Welch' ein Held war Rizvan Aga
Mit dem Schwerte und der schnellen Lanze,
Mit der Büchse und dem scharfen Messer,
Mit der Faust und seinem flinken Rösslein!
Und der Aga liegt am Amselfelde,
Sammelt Harač, die Gebühr des Caren.

Heischt von Jedem einen rothen Zechin,
Für den Herd auch einen fetten Hammel,
Und des Nachts der Reihe nach ein Mädchen.

„Wie der Aga nun den Harač sammelt,
Zahlt die Raja wohl, doch wie bezahlt sie?
Wo er einen rothen Zechin fordert,
Wird ihm oft ein Pfennig kaum gegeben;
Jeder Herd soll einen Hammel geben,
Und er giebt ihn, aber luntenmager,
Wer ihm Nachts ein junges Mädchen schuldet,
Schickt ihm eine Vettel, voll von Runzeln.

„Rizvan lässt die starre Raja fesseln,
Stellt sie haufenweise auf im Felde,
Fliegt zu Ross dann über ihre Köpfe.
Es gelingt der Sprung beim ersten Haufen,
Es gelingt der Sprung beim zweiten Haufen,
Doch als er zum dritten Sprung sich rüstet,
Bäumt das wilde Ross sich auf im Fluge,
Springt — doch reisst der Gurt vom reichen
                                       Sattel.
Und es liegt der starke Held im Grase.

„Wen'ge Tage sind seitdem verflossen,
Lispelnd geht's vom Munde schon zum Munde
Durch das Amselfeld, das wunderbare,
Und je weiter, desto lauter wird es,
Spott und Hohngelächter schlägt die Raja,
Bis zum Lied gedeiht es zu den Gusle,
Und der Sänger singt am Amselfelde:
„Rizvan Aga war doch eine Memme!"

Während noch das inhaltsschwere Lied aus
Bauks Munde donnergleich erklungen,
Hätte Jeder, der den Aga, nicht den
Sänger scharf betrachtet, in des erstern
Antlitz sehen können: Kummer,
Schmerz und Scham und Wuth und hundert
And're wilde Höllengeister,
Die in seinem stolzen Herzen
Beim geringsten Spott und Hohne
Sich mit blut'gen Krallen tief einnisten.

Blut'ger Hass flammt auf in ihm vor Allem,
Allverzehrend gegen diese Raja,

Diese Hunde, Wlachen, die getaufte
Brut, die wider Recht, zu seinen Qualen
Türken gleich geniesst der Sonne Strahlen.

Fesseln, Gift und Stricke, Messer,
Galgen, Feuer, scharfe Pfähle,
Heisses Oel und hundert and're
Marter hat er flugs ersonnen,
Um die Spur der bittern Schmach zu tilgen,
Rein das Angedenken zu behalten,
Rein den Namen in des Liedes Walten.

Schwarze Wolken sind die Augenbrauen,
Wildes Feuer glüht in seinen Augen,
Rothe Flammen lecken ihm das Antlitz,
Wuthentbrannt erweitern sich die Nüstern;
An den Lippen scheint im weissen Schaume
Sich der teuflisch' Wille festzunisten:
Was bekümmern mich der Raja Leiden,
Nur des Liedes Spott will ich vermeiden.

Und als Banks letztes Wort verklungen,
Zuckt es plötzlich durch sein Hirn, als hätt' ihn

Jäher Blitz mit grellem Licht erleuchtet:
Nicht allein die Raja hat die Schmach gesehen,
Nicht allein die Raja kann es weiter sagen;
Tod der Raja, Tod den Türken, Allen,
Nur im Liede soll mein Ruhm nicht fallen.

   Noch vergräbt der Aga diesen Willen
In des Herzens tiefster Tiefe;
Seine Züge sucht er aufzuheitern,
Und die Züge flammen immer stärker
Von des Zornes Glut; er möchte ruhig
Scheinen, bebt indess am ganzen Leibe.
Und zuletzt, als er sein wildes Wehe
Vor den Zeugen nicht mehr bergen konnte,
Springt er auf und brüllt: „So sei's! Ihr Knechte
Auf und an die Christen, auf mit scharfen
Messern, heissem Oel und spitzen Pfählen,
Lasst sie los, der Hölle wilden Mächte!
Bin ein Held, das Lied soll es verkünden,
Alles soll darum den Tod jetzt finden. . . ."

   Noch hat er's nicht ausgesprochen
Und die Büchsen donnern draussen;

Eine Kugel schlägt dem Safer,
Der zuerst war aufgesprungen,
Aus dem Haupt heraus das zweite Auge.
Was der Speer begann am Morgen,
Schliesst jetzt ab die tödtlich schnelle Kugel.

„Wlachen, Wlachen!" heisst's von allen
         Seiten.

Und der erste Theil der Ćeta
Schickt dem Zelte seine Ladung.
„Wlachen, Wlachen!" schrei'n die Türken.
„Schnell mein Pferd!" befiehlt der Aga.

Und die zweite Reihe feuert.
„Wlachen! Her mit Büchsen und mit Messern!"
„Hassan, schnell mein Pferd, heraus die Pferde!"

Und die dritte Reihe feuert;
Flinker als ein Windspiel führt ihm
Hassan vor das treue Schlachtross.
Als der Aga es besteigen wollte,

Zuckt der Blitz aus dunkler Wolke,
Heisses Blei schlägt ihn zur Erde nieder.
Dunkel ist's — man sieht nicht gut den Schützen.
Doch hat Mirko in der Näh' gefeuert . . .
Also muss des Helden Seele scheiden,
Nachts, gedemüthigt und ohne Freuden! . . .

Doch entwaffnet nicht sein Tod die Türken,
Wenn die Nacht auch unbeachtet lässt die
Heldenthaten, die vollbracht hier wurden.

Nacht umfängt mit tiefem Dunkel Alles;
Flammt jedoch das Feuer auf vom Himmel
Oder aus der Büchse treuer Freunde,
Finden Christ und Türke sich zusammen
Auf des scharfen Messers Weite,
Die sich weitab dachten von einander,
Und umarmen sich mit scharfen Eisenarmen,
Küssen sich mit scharfen Eisenlippen,
Bis sie sterbend beide oft erblassen:
Nur der Tod erstickt ihr grimmes Hassen!

Durch das Feld in schwarzer Nachgewan-
                                      dung
Schreitet blutgetränkt der Todesengel.
Jäher Blitz erglänzt in seinen Augen.
Das Gebein erbebt im eis'gen Schauer.
Aus dem Munde tönt in wilder Trauer
Bald ein: „Wehe" — und dann: „Medet,
                                      medet" —.
Bald ein: „Hilf, o Jesus, süsser Heiland" —.
Schweres Stöhnen, Seufzen, schriller Jammer.
Und er rafft die Christen hin und Türken,
Schliesst ihr Aug' mit seinem schwarzen Kleide.

All' die treuen Räthe Aga's fallen,
Mujo, Hassan, Omer auch und Jašar,
Und mit ihnen dreissig andre Türken:
Bauk nur entwischt im nächtlich' Dunkel,
Und mit ihm, die fliehend sich gerettet.

Doch wer liegt dort an des Agas Seite,
Fletscht die Zähn' im Tod noch auf den Todten?
Novica ist's — Hassan traf ihn eben

Als er auf den todten Leu in Freuden
Sprang, den Kopf ihm jubelnd abzuschneiden.

   Aufgehört hat nun der Kugelregen.
Dichter Regen strömt herab vom Himmel.
Unter Zelte flüchtet sich die Četa.
Düster ist und grauenvoll die
Nacht; ein wahrer Gottessegen,
Dass die Četa kann der Ruhe pflegen.

Das Verhängniss.

V.
Das Verhängniss.

Hoch zum Himmel ragt die Lovćenhöhe.
Auf dem Abhang ist ein Feld gelegen.
Auf dem Felde ist des Klausners Hütte.
In der Hütte eine kleine Kammer,
In der Kammer sieht man blaue Wunder.
Wie ein Kreuz verehrt ein wilder Türke.

Prächtig angezogen steht der Türke
Mit dem Turban und dem scharfen Säbel.
Mit der Büchse und dem grimmen Messer:
Angst erfasst dich, dass er dich verwundet!

Sei nur ohne Furcht, mein Freund, und
                                         Bangen.
Zahm ist jetzt der Türke, nicht gefährlich.
Harmlos ist er, lässt sich leicht erschrecken.
Stampfe fest nur mit dem Fuss die Erde.

Friedlich wird er seine Hände kreuzen,
Hände kreuzen und das Haupt verneigen,
Seine Rechte zu dem Antlitz heben:
Also bleibt er friedlich grüssend stehen

   Tritt jetzt näher, Freund, und lass mich hören,
Wem gehört der reichgeschmückte Turban?
Čengić Aga hat gehört der Turban,
Der sich traurig jetzt um's Haupt ihm windet. —
Wem gehört, mein trauter Freund, der Schädel?
Čengić Aga hat gehört der Schädel,
Aber leer sind jetzt die Augenhöhlen.
Wem gehört der Säbel, erzbeschlagen?
Čengić Aga hat gehört der Säbel,
Aber lässig hängt er von der Achsel.
Wem gehört die goldgeschmückte Wehre?
Čengić Aga hat gehört die Wehre,
Die im Gürtel friedlich jetzt verrostet.
Wem gehört das Kleid, das goldgestickte?
Čengić Aga hat's gehört, mein Bruder —
Nimmer wieder glänzt es in der Sonne.

...

Anmerkungen.

I.

Ismael Aga Čengić, aus einer alten serbischen Familie, war für seine Verdienste im Jahre 1833 zum Vice-Statthalter der Herzegovina ernannt worden. Im Jahre 1836 kämpfte er gegen die Montenegriner bei Grahovo, wo der jüngste Bruder des verstorbenen Vladika Peter II. Petrović Njegoš und viele andere tapfere Montenegriner fielen. Die Rache hiefür liess nicht lange auf sich warten. Čengić Aga hatte einen durch seine teuflischen Lüste berüchtigten Verwandten, Rustan, dessen sich die Christen schon längst gerne entledigt hätten. Aus Montenegro kam indess der Rath, nicht den politisch harmlosen Rustan, sondern Čengić Aga selbst zu beseitigen. So wurde denn der stolze Aga von den Christen selbst, scheinbar in freundlichster Absicht gewarnt, nicht den Rustan behufs Haračeintreibens in's Land zu schicken, da es leicht die traurigsten Folgen haben könnte. Wüthend über ein solches Ansinnen der

Christen ging nun Čengić Aga mit **seinem** tapfersten Türken selbst in's Land und liess auf eine auch dort unerhört grausame Weise den Harač eintreiben. Aber in der Nacht des 23. August 1840 wurde er von einer aus Serben und Montenegrinern gebildeten Četa unter Novica Cerović (aus einem hart an der Montenegrinergrenze lebenden Serbenstamme) überfallen und sammt dem grössten Theile seines Gefolges niedergemetzelt. — Auch der im weiteren Verlaufe des Gedichtes vorkommende Führer der Četa ist eine historische Person: er hiess Mirko Aleksić.

Stolac, eine Festung in der Herzegovina zwischen Mostar und Trebinja.

In des heiligen Herzogs Lande, d. i. in der Herzegovina, dem südwestlichen Theile Bosniens, welches einst dem Vojevoda (Herzog) Sava, der heilig gesprochen wurde, gehört hatte.

Brdjaner, eigentlich Bergbewohner (von brda, Berge), heissen namentlich die Einwohner des nordöstlichen, Berda genannten Theiles von Montenegro.

Crna Gora, in italienischer Uebersetzung: Monte negro, daher Crnogorzen, Montenegriner.

Morača, Fluss in Bosnien mit äusserst kaltem Wasser: mündet in den See von Skutari.

Wlachen, türkischer Schimpfname für die Christen in Bosnien und Montenegro.

Medet — Ruf eines sterbenden Türken.

II.

Hajduken, ursprünglich Serben, die der türkischen Greuel müde, ihre Heimat verlassen und mit bewaffneter Hand das Land durchstreifen, um sich an den Türken zu rächen. Je unerträglicher die türkische Herrschaft wurde, desto mehr wuchs selbstverständlich auch die Zahl der Hajduken. Der Ursprung des freien Montenegro lässt sich ebenfalls auf die Hajduken zurückführen. Dass übrigens die Hajduken, nachdem sie einmal der bestehenden Ordnung offen die Fehde erklärten, sich nicht immer auf blosse Rachezüge beschränkten, sondern auch Kaufleute und friedliche Wanderer überfielen, ist in der Natur der Sache gelegen.

Kavaz, bewaffneter Diener im Gefolge eines türkischen Würdenträgers, auch Polizeimann etc.

Vilen, den griechischen Nymphen vergleichbar, Wald-, Berg- und Wassergeister bei den heidnischen Slaven. Sie dachten sich dieselben als junge, reizende Mädchen in durchsichtigen, langen Gewändern und mit fliegenden **Haaren**.

Wer sie nicht reizt, dem sind sie nicht gefährlich; erzürnt, treiben sie mit den Menschen nicht nur allerlei Spuk, sondern nehmen ihnen oft sogar das Leben.

Struka, ein derbes Tuch, das wie unser Plaid verwendet wird.

Cuce, Bjelice und Bergéeklići, Gemeinden in Montenegro.

Cetinje, Hauptort von Montenegro.

Dormitor, einer der höchsten Berge in Montenegro (7000'), an der nordöstlichen Grenze gegen die Hercegovina.

Gospodar, Herr, Ehrentitel der Fürsten von Serbien, Montenegro, auch Rumänien etc.

III.

Ćeta, eine Abtheilung, ein Haufen Bewaffneter — hier der aus Herzegovinern und Montenegrinern zusammengesetzte Rachezug.

Toke, aus Silber oder anderem Metall gearbeitete, mit Knöpfen oder Spangen versehene Plättchen, mit denen vorn an der Brust das westenartige Unterkleid geschmückt wird.

Lovćen, ein an der südwestlichen Grenze gegen das österr. Albanien gelegener Berg, über 6000' hoch; gewährt volle Uebersicht über Montenegro und die umliegenden Gebiete.

IV.

Harač. Kopfsteuer, die in der Türkei die ganze männliche Bevölkerung vom 7. Lebensjahre angefangen zahlen musste.

Gackofeld, bosnisches Gebiet, hart an der montenegrinischen Grenze.

Raja. Spottname für alle Nichtmohamedaner.

Amselfeld, kosovo polje, ein fruchtbares, 7 Meilen langes Thal in Serbien an dem Flusse Drina. In der mörderischen Schlacht am Amselfelde (15. Juni 1389) zwischen dem Caren Lazar (1371—89) und Sultan Murad I. wurde bekanntlich das grosse Serbenreich zertrümmert. Im Jahre 1448 wurde am Amselfelde Johannes Hunyady und das mit ihm verbündete Heer der Serben von Murad II. geschlagen.

V.

Die Hütte des Klausners: Der montenegrinische Vladika Peter II. Petrović Njegoš nannte sich selbst einen Klausner, Einsiedler (Pustinjak), und veröffentlichte auch eine Sammlung Gedichte unter dem Titel: „Pustinjak".